Una ida y una vuelta.

Las aventuras de un tlaxcalteca por Europa

De: Francisco Moreno Ramírez

Para: Doug con mucho cariño y humor,
espero que disfrutes de esta pequeña
aventura.

Para Youngsil,
la persona más valiente
y aventurera que he conocido.

Índice

Prólogo. En algún punto del Atlántico

Los libros de viajes y aventuras siempre han producido en mí una especial fascinación. Como lector y narrador compulsivo de ficciones, llegué a la conclusión de que hacía falta un nuevo libro de viajes que revitalizase la sangre de tan maravilloso género.

Y así, vaciando las cuentas de banco, sacando préstamos exorbitantes y no perdonando ni a la alcancía de cochinito, junté con mi hermano todo el dinero posible para emprender lo que habría de ser nuestra más grande aventura al otro lado del mundo.

Ahora me parece increíble que estoy en camino a Europa y que en tan sólo dos horas llegaré a Holanda. La sensación que tengo es curiosa: es como estar y no estar a la vez. El jetlag es una locura, en un instante uno se siente bien y al siguiente se está cayendo de sueño literalmente.

I. Holanda

Llegué en la mañana a Ámsterdam y me resulta curioso que no termino de procesar el encontrarme al otro lado del Atlántico en un país en el que ni siquiera hablo la lengua. Es interesante, sabiendo inglés y nociones básicas de alemán se puede entender bastante del holandés.

Ámsterdam es una ciudad que cuando tiene luz en verano, todo el día parece que fuesen las cuatro de la tarde sin importar dónde se encuentre el sol. Es una ciudad pequeña, quizá un poco más grande que Coyoacán sino es que del mismo tamaño. En su mayoría, los edificios pertenecen al siglo XVII, son muy estrechos (y profundos según me dicen), altos y en la parte de arriba tienen un poste con una polea o gancho, el cual sirve desde el Siglo de Oro flamenco para meter los muebles por las ventanas de arriba porque por la puerta principal no cabe nada que sea más ancho que una silla.

La razón de esto es que en algún punto de la historia, al gobierno holandés se le ocurrió cobrar un impuesto por el tamaño de las ventanas y el ancho de la casa, dicho impuesto no aplicaba en cuanto a la cantidad de pisos ni las ventanas de estos, por lo que la gente se valió de esa laguna legal para evadir el impuesto.

Vista de canal y calle de Ámsterdam

Mientras recorríamos las calles de Ámsterdam, mi tío se empeñó en querer pasar por algunos callejones que en otros países menos civilizados serían sitios perfectos para ser golpeado, violado y matado; y a veces sólo golpeado y matado.

Sin mucho convencimiento lo seguimos para *cortar camino* a fin de evitar rodear toda una calle y varios canales, pero a medio callejón, para nuestra sorpresa y horror, vimos como un fornido brazo cogía a mi tío del cuello y lo jalaba dejando tras de sí una pesada puerta de metal cerrada y el callejón tan vacío y silencioso como al principio.

Preocupados, comenzamos a recorrer de arriba abajo la calle y los edificios aledaños hasta que tristemente concluimos que debíamos darlo por perdido y que su sacrificio no sería en balde ni olvidado si continuábamos con el plan establecido.

Y así, mientras recorríamos la ciudad con cierto sabor agridulce y desasosiego, grande fue nuestra sorpresa cuando vimos que en una vitrina, mal iluminada y peor ubicada, tenían exhibido a mi tío. El orgullo de los Moreno no podía tolerar la afrenta que tenía ante mis ojos por lo que furioso entré a enfrentarme con el dueño de aquel lugar.

3

Ignoro los precios en este tipo de establecimientos, pero me indigné al ver lo que consideré una cantidad suma y ofensivamente baja para nuestra estirpe.

Traté de que el dueño subiese la cuota, mas él se negaba ante las condiciones de la mercancía. Su honor de comerciante le impedía rentar a precios de nuevo lo que claramente ya tenía bastante kilometraje.

Con todo el dolor de mi alma tuve que ceder ante tan innegable verdad aunque logré convencer al dueño de pagarme una comisión por el uso de propiedad ajena. Tras algunos regateos y negociaciones, quitando los gastos por comida y servicios médicos, yo cobraría una bonita suma nada desdeñable.

Pero hubo un detalle que ninguno de los dos consideró y que significó el fin de nuestra asociación: debido a las condiciones de mi tío, nadie pagaba por él; es más, la gente -que en este tipo de lugares suele dar miradas discretas o descaradas según sea el caso- hacía todo lo posible por evitar verlo. Por lo cual con mucha pena, el dueño de la vitrina nos devolvió a mi tío y nos exhortó a no volver a hacer negocios con él.

Donde otros países lidian con un exceso de autos, Holanda lidia con un exceso de bicicletas. Es un misterio cómo bicicletas, coches, tranvías y peatones logran estar en movimiento sin causar un accidente. Uno cruza como puede y cuando puede. Se conoce que los conceptos de *banqueta* y *semáforo* fueron tardíos en el mundo holandés. Aquí la reina es la bicicleta y todo medio de transporte se subordina a ella. Mientras que en otros países los conductores pueden ser agresivos o poco considerados con el peatón, aquí es todo lo contrario, el papel de automovilista y ciclista se haya invertido y uno aprende a temerle a las bicicletas antes que a los coches.

Las bicicletas siempre están en movimiento y si no, llenan los estacionamientos para ellas como jamás he visto en mi vida. Pero nunca se ve el estado intermedio cuando suben o bajan de ellas. Sólo me quedo con una duda: si la bicicleta de uno termina en medio de aquellas filas colosales, ¿cómo logran encontrarla y/o sacarla de ahí? Quizás nunca lo sepa.

Estacionamiento de bicicletas

Un defecto a mi gusto es el desmedido consumo de mariguana así como de tabaco, el cual estoy seguro que debe ser la primera causa de muerte en Holanda después de las bicicletas. El olor que predomina me hace sentir que he vuelto a mis años de estudios en la Facultad de Filosofía y Letras y que estoy más cerca del Che de lo que creo.

Quizás no haya una imagen que englobe mejor Ámsterdam que una casa estrecha y alta del siglo XVII, con una prostituta del distrito rojo en una vitrina, mientras pasa un ciclista y un tercer individuo (si no es que uno de los anteriores) fuma marihuana al lado de una representación de un cuadro de Van Gogh (o bien, al mismo esqueleto del cuadro de Van Gogh fumando).

A propósito del distrito rojo, éste es una atracción imperdible, no porque sea la más importante o emblemática, sino porque tarde o temprano uno se cruza con las famosas vitrinas aún sin entrar al distrito (bien se ve que el negocio ha prosperado y se ha expandido poniendo franquicias en otros lados).

Es muy interesante como la iglesia principal, Oude Kerk, es vecina del distrito rojo y se haya rodeada de prostíbulos. Aquí sí que se puede hablar de tolerancia al prójimo. Eso sí, los baños están separados, no se vaya a pensar que es una sociedad de degenerados.

Oude Kerk

Tras un largo día de estar recorriendo la ciudad, esperábamos llegar a nuestra tienda para dormir el sueño de los justos, pero la Fortuna nos tenía reservado un plan muy diferente, puesto que al campamento llegó una excursión de chiquillos que toda la noche no supieron hacer otra cosa que gritar y corretear de un lado al otro como endemoniados, impidiendo así que nadie pudiese tener un sueño reparador.

A eso de las primeras horas de la madruga tuvieron a bien ir a dormir y vi entonces mi oportunidad de mostrarles mi agradecimiento junto con el de los demás presentes al ponerles música de gaitas a todo volumen como si toda Escocia les diese un concierto de bienvenida.

Y todo esto hubiese sido perfecto, de no ser porque mi traidor celular tuvo a bien quedarse sin batería, impidiendo que la justicia fuese impartida y dejando inconformes a todos los vecinos. A la mañana siguiente como llegaron se fueron los chiquillos.

***

Hoy he visitado el museo de Van Gogh y finalmente pude ver en vivo los cuadros de uno de mis pintores favoritos.

El museo se halla ordenado según las etapas de su pintura y en medio hay un piso dedicado a sus dibujos, cartas e instrumentos varios.

Al ver las pinturas de su primera etapa en la que se dedicó al campo y la vida rural con un estilo claroscuro de la escuela flamenca, me di cuenta que uno no puede apreciar la luz de sus pinturas si no ha estado en Holanda. Es una luz que posee cierta melancolía, como un velo muy fino que recubre todo y lo decolora levemente.

Comparto con Van Gogh varios puntos de vista; en mi caso, no idealizo el campo mas siento un entrañable afecto por él y puedo entender la fascinación que le producía.

Van Gogh también admiraba la cultura japonesa y en sus pinturas (a mediados de su carrera) puede verse primero la imitación y posteriormente la incorporación de elementos japoneses. Al igual que la pintura oriental, él daba prioridad al espacio más que a la figura humana, buscando la sencillez y la expresividad.

Alguna vez leí o escuché que la belleza de sus cuadros radica en que logró transformar una tremenda pena y sufrimiento en algo bello que (más allá del manejo de colores y contrastes, la técnica o el movimiento) es capaz de conmover profundamente.

Al ver en vivo sus pinturas pude apreciar ese efecto el cual no deja de tener cierta melancolía. Es una pena que no haya postal o fotografía que logre hacerles justicia dado que ninguna capta por completo lo vivo de sus colores; y me parece increíble que en su tiempo pocos pudiesen apreciar o entender lo que sus obras proponían.

Su interés por la fugacidad de la vida reflejado en su gusto por pintar las flores y su efimeridad, la sencillez de su forma de ser, incluso su muerte al dispararse en el vientre como una especie de *seppuku* occidental, todo en él tenía cierto aire japonés.

Es gracioso darme cuenta que admiro personajes que en su tiempo fueron poco valorados como Cervantes o Van Gogh, y que tras su muerte se les elevó al grado de maestros y eminencias sin que sus obras fuesen realmente entendidas.

Antes de irme he aprovechado para probar a ver los cuadros sin lentes puesto que siempre he dicho que mi visión es como ver una pintura de Van Gogh. El resultado de mi experimento fue de lo más curioso: los colores eran lo que más resaltaba pero las líneas que delimitaban las formas se perdían por completo, dando lugar a pinturas de lo más abstractas.

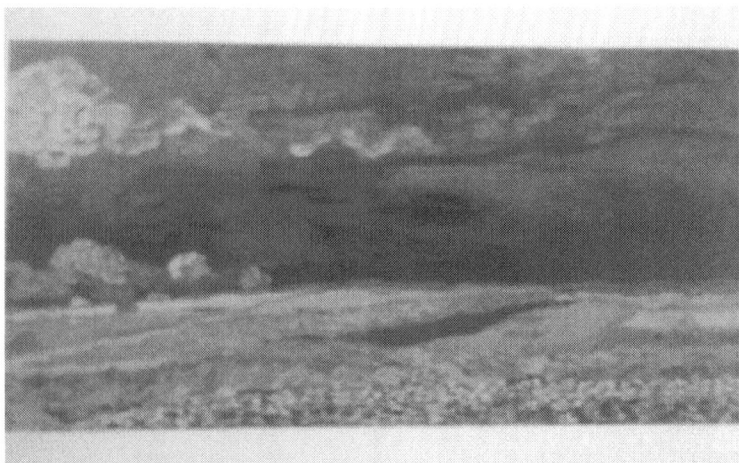

Campo de trigo bajo nubes de tormenta. Van Gogh (1890)

En nuestro camino de regreso al campamento cruzamos por un parque que tenía una peculiar "obra de arte" -puesto que así estaba denominada-. Una especie de valla de metal cilíndrica que rodeaba un árbol en la que la gente ponía objetos extraviados de lo más variopintos.

Al salir del parque buscamos dónde comer que no fuese muy caro, por lo que optamos ir por pizza. Cuando íbamos a empezar, a mi hermano le preocupó cómo debíamos comerla dado que todos los comensales lo hacían con cubiertos a pesar de que la pizza tradicionalmente se come con la mano.

Ante este profundo dilema sobre si sería de buena educación o no comerla de una u otra forma mi argumento fue el siguiente:

–Tienen prostíbulos frente a la iglesia, ¿Tú crees que les importe que comas con la mano? –y rematé con la siguiente cita– Como diría mi bisabuelo: *unos como saben y otros como pueden.*

No hubo más por qué discutir. Comimos con cubiertos.

***

Querer ver toda la colección del Rijsk en una sola visita es una tarea titánica condenada al fracaso si realmente se quiere apreciar las pinturas que tiene. Yo decidí dedicarme al piso del Siglo de Oro flamenco y aún pienso que al menos dos días son necesarios para poderlo apreciar por completo.

Al ver los cuadros, me parece interesante señalar que el centro de Ámsterdam no ha cambiado para nada desde aquella época, si acaso tiene *más* árboles.

Calle de Ámsterdam. Cuadro del siglo XVII

Resulta curioso como muchas pinturas tratan el tema de la embriaguez (dado que el agua no era muy buena y hasta los niños bebían cerveza ligera) y aun así, ahora que tienen agua potable la desperdician.

Para alguien que viene de un país en el que se hace tanto hincapié en el ahorro y cuidado del agua, activar el grifo resulta apenante y doloroso, puesto que he llegado a comprobar que gastan dos litros al menos por cada vez que se usa.

Otro tema que ya había mencionado antes era el de la luz. Realmente poder apreciar la luz holandesa y ver que es la misma de sus cuadros del siglo XVII, permite entender cómo es que Rembrandt fue todo un éxito al pintar con una luz más cálida, colores más vivos y con mayor expresividad así como movimiento.

Los síndicos de los pañeros. Rembrandt (1662)

Al salir del Rijsk decidimos tomar un recorrido por los canales de la ciudad. Fue un viaje muy cómodo en el que debo elogiar la maestría del capitán para mecer el barco porque me fue imposible mantenerme despierto. Ha sido la siesta más cara que he tomado.

No dormí todo el recorrido, pero pasé cabeceando una buena parte; lo que sí pude apreciar fue cómo la ciudad se ha ido expandiendo puesto que las torres como la Mint que antes eran de defensa, hoy en día no podrían defender nada ya que si un enemigo llegase hasta ellas, significaría que Ámsterdam ya llevaba cierto tiempo tomada.

Otro misterio para mí es la fascinación de los holandeses de hacer *fiestas* (que nosotros llamaríamos reuniones porque de fiestas no tienen más que el nombre) paseando por los canales. Es una pena pero los canales me recuerdan al río Magdalena tanto por la basura como por el color que tienen aunque sin el olor característico de las aguas negras.

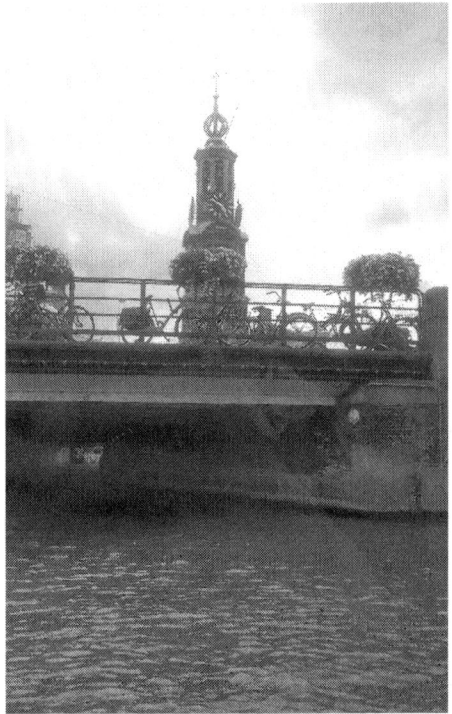

Torre Mint desde los canales

Finalmente pude apreciar la lluvia holandesa la cual en intensidad es muy parecida a la de México con la diferencia de ser menos duradera y de que todo se vuelve brumoso y gris. La lluvia en Holanda es similar a la que tenemos en septiembre: fina y constante aunque con bastante luz.

Resulta un contraste impresionante con el cielo y las nubes de la mañana, los cuales se ven tan cerca y las nubes se mueven a una velocidad inusitada para una ciudad.

Tratar de desarmar una tienda de campaña en este clima es un reto que pone a prueba hasta a las mentes más brillantes.

En el caso de mis tíos, a veces les resulta complicado ponerse de acuerdo por la velocidad de sus ingenios; no obstante, sus diferencias pronto se ven resueltas… para volver a encontrarse y volver a resolverse. Es como una montaña rusa.

Molino de viento

II. Bélgica

El cielo parece estar tan cerca y las nubes parecen sacadas de una pintura. Alrededor de Brujas hay muchos campos de maíz, los cuales me recuerdan a Tlaxcala.

El nombre de este pueblo medieval viene de una palabra celta que quiere decir *agua sagrada* –las fuentes discrepan– y la ironía del lugar está en que no hay brujas, pero abundan las monjas (aunque tampoco he visto muchas).

El pueblo solía ser un próspero puerto durante el Siglo de Oro flamenco aunque pronto cayó en desgracia cuando se fundaron otros más grandes. Hasta el siglo XIX logró recuperar parte de su vida y hoy en día depende del turismo. Pasa algo curioso con sus casas. Están divididas por la mitad y resulta peculiar ver dos entradas distintas en un mismo edificio.

Las tres cosas más famosas aquí son la cerveza, el chocolate y los waffles, siendo la primera suave, el segundo cremoso y no muy dulce, y los últimos los mejores que he probado.

La comida es más barata que en Ámsterdam y me resulta un lugar más agradable por el hecho de estar menos (no mucho) concurrido y más limpio. A diferencia de sus primos holandeses, los belgas cuidan celosamente su agua, no así el papel el cual desperdician en todo y no logro explicarme cómo teniendo tantas cosas desechables y tan pocos botes es que casi no tienen basura.

Los edificios aquí son de estilo gótico y renacentista, la joya de la ciudad es el Belfort, la cual es la torre del reloj de la plaza central; ahí tuve la fortuna de asistir a un concierto de campanas en el cual tocaron *Can't take my eyes of you.*

Torre Belfort

En Brujas los canales son mucho más limpios que en Ámsterdam ya que sólo los barcos turísticos son los que circulan por ellos. Asimismo, los que se encargan de recoger la basura son como mapaches rabiosos que todo el tiempo están a la caza de ésta. Si bien no es el trabajo más glamuroso, sí es altamente reconocido aquí por sus habitantes.

El tour por los canales aquí me resultó más interesante, no sólo porque esta vez no me dormí, sino porque a través del guía me enteré que en Brujas no existe la indigencia ya que la gente rica local donó casas para los pobres en la zona céntrica del pueblo. Casualmente mi hermano y yo al explorarlo dimos con estas casas las cuales nos parecieron pequeñas pero agradables.

Canal y casas tradicionales en Brujas

Quizá el único inconveniente con el que uno debe enfrentarse es acertar al idioma con el cual hablarle a los locales. La gente habla holandés, francés o alemán, pero nunca los tres. Uno puede hacer sus apuestas de cuántas veces habrá de acertar al momento de intentarlo, mas puedo asegurarles que sin importar que se hablen los tres idiomas, las posibilidades de ganar las apuestas –según algunos expertos–, como no sean de cuántas veces se falle, están condenadas a dejar al incauto apostador en la bancarrota.

En mi caso dos de tres veccs fallé, lo cual no es desdeñable puesto que la única vez que acerté (hablando alemán), logré que me cobrasen menos al comprar unos chocolates que alguien que habló en inglés y no le permitieron comprar menos de 100 gramos.

En el campamento me he hecho de un nuevo amigo: Lurd. Un bulldog francés de origen vasco el cual rápidamente simpatizó conmigo al grado de *abrazarme* y *besarme*. Me recordó un poco a Zeus, mi Boston terrier, sólo que un poco más robusto, como un osito de peluche aunque algo más pesado.

III. Francia

Lo primero que cambia al llegar a Francia es la luz, aquí es más brillante y quema más. Luego están las nubes. Mientras que en Bélgica resultan majestuosas, aquí tienden a ser más barrocas.

Puedo entender la fascinación que la campiña francesa provocaba en Van Gogh puesto que es muy similar a Tlaxcala o Hidalgo aunque mucho más plano.

La fisionomía de los franceses es distinta de los belgas, tienen la nariz más grande y los ojos más separados además de una peculiar semipapada que me recuerda a la comparación que alguien alguna vez hizo de ellos con las ranas.

Los que rompen con este modelo se asemejan mucho a Asterix y Obelix (más al segundo que al primero) según sea el caso.

Finalmente he podido sacar partido de mi habilidad de hacer voces e imitar acentos, pues sin tener la menor idea de francés, logré pedir comida y tener una conversación sencilla sin problemas.

Campiña francesa

La distribución de París es interesante: se encuentra rodeado por el Sena y varios parques de buen tamaño, pero conforme uno se va adentrando en la ciudad se siente como si estuviese en una Condesa interminable con todo y sus vagabundos.

Me decepciona ver que las calles se encuentran muy sucias en general aunque posee muchos botes de basura y hacen hincapié en el reciclado. Aquí no tienen problemas en hacer baños mixtos y tomarse algunas libertades.

Los parisinos no son la imagen de la elegancia como muchos suelen pensar y no falta el pobre diablo que es confundido con un inmigrante o un gitano por sus fachas.

Me sorprende ver las calles llenas de refugiados musulmanes, africanos y posiblemente gitanos. La mayoría pidiendo limosna, los africanos vendiendo baratijas y los gitanos tocando algún instrumento.

Hemos ido al Arco del Triunfo a ver los fuegos artificiales por el día de la toma de la Bastilla, fue un espectáculo bello dado que éstos siempre tienen algo maravilloso sin importar la edad que se tenga.

Resulta extraño estar en una fiesta nacional donde nadie celebra, no ondean banderas, no se pintan la cara, no hacen exclamaciones exaltando su país, ni siquiera tocan la bocina de modo festivo. Es como la lasaña vegetariana, se siente la falta de carne, o en este caso la falta de espíritu festivo.

Arco del Triunfo

***

Tengo sentimientos encontrados con París, a veces me parece un lugar agradable, sumamente similar a la Ciudad de México, y otras no tanto. El trato con la gente es un azar puesto que hay quienes son muy amables y quienes actúan como si se hubiese insultado a sus madres con sólo hablarles.

Personalmente no me fascina la ciudad, reconozco que tiene edificios muy bonitos y una gran colección de objetos gentilmente *rescatados* de sus países; no obstante, quizás yo sea un completo ignorante incapaz de escuchar el canto de sirena que tiene la ciudad con muchos, pero si algo no me falla es el olfato y es sumamente desagradable el olor que cada dos por tres surge mientras se camina a falta de baños públicos (que no faltan).

He decidido a la fuerza exprimir cada euro que esta ciudad exprime de mí con sólo verla puesto que todo es un poco caro aquí.

Para esta odiseica empresa, se ha calculado con precisión matemática el curso a seguir de los siguientes días: primero el palacio de Versalles y sus jardines; al día siguiente el museo de Orsay, los jardines de Tullerías (frente al Louvre, donde está el obelisco), la Biblioteca Nacional y el paseo de los escritores; finalmente el siguiente día ver el Louvre, la catedral de Notre-dame y quizá el Panteón.

Pero bien lo dice el dicho: *haz planes mientras dios se ríe*, puesto que al igual que el buen Ulises, nuestro curso y plan se vio alterado por complicaciones técnicas que nos hicieron deshacer y reestructurar todo el plan quedando primero la visita al Orsay (y lo que se pudiese ver), luego Versalles y finalmente el Louvre (si la suerte así lo quiere).

Como siempre digo: *surgen complicaciones, se consideran y superan*.

Interior del museo de Orsay

Nuestra jornada empezó en el museo de Orsay, el cual tiene una colección de pinturas y esculturas que van del neoclásico hasta inicios del siglo XX.

Querer ver tantas obras en unas horas es como tratar de leer una biblioteca en una sola noche, por lo que me conformé con dedicarme a la parte de los impresionistas.

Predecesores del expresionismo, los impresionistas buscaron plasmar el instante, la escena fugaz como si fuese una fotografía sin enfocarse tanto en los detalles finos sino con una visión un poco más miope.

Los estilos y temas varían entre los autores. Monet por ejemplo se caracteriza por sus maticos y colores apastelados que dan la sensación de tersura a sus cuadros. Pizarro usaba colores vivos y pinceladas un poco toscas casi como las que posteriormente usaría Van Gogh; Renoir y Sisley plasmaron de una forma genial las nubes francesas en las que uno puede perderse durante horas siguiendo sus trazos caprichosos, casi naturales, y que dan la ilusión de ser muy esponjosas.

Claro que aproveché para tomarle fotos a otros cuadros famosos que lamentablemente ya no tenía la disposición mental para apreciar.

Renoir (1869)

Antes de irme le dediqué unos minutos a Millet y al *Ángelus*. Esta pintura me trae recuerdos de mi niñez debido a que mi tía Amor (la mejor amiga de mi abuela Nohemí) hizo una copia que le regaló a mi abuela; mucho tiempo lo pasé con ellas y de ahí que vincule la pintura con buenos recuerdos.

Estar frente a los dos campesinos y sus papas me hizo sentirme cerca de mi abuela, usa sensación de calidez aterciopelada que me envolvía mientras contemplaba el cuadro que tantas veces había visto en la que fue la casa donde pasé los primeros años de mi infancia, años que me roban una sonrisa al venirme a la memoria junto con la imagen de mi abuela.

El ángelus. Millet (entre 1857-1859)

París es una ciudad muy luminosa durante el día, tanto que si no se sale con sombrero y lentes de sol, toda excursión resulta un tanto compleja.

Después de esperar a mis tíos según la hora y tiempo acordados (cosa que posteriormente negarían), mi hermano y yo decidimos recorrer París por nuestra cuenta y ritmo, tomando como primera parada los jardines de Tullerías.

Antes de empezar nuestro recorrido, mi hermano le dio unas monedas a un consumado violinista que estaba tocando frente al museo de Orsay y cuando regresó conmigo le comuniqué lo orgulloso que me sentía de él. No por su caridad con el hombre o por el buen gusto por la música, sino porque fue el primero –ante todo pronóstico puesto que pensé que sería yo en hacerlo– en ir en contra de la advertencia de no tratar a los gitanos que con tanta efusividad mi tío nos había hecho al llegar a París, diciendo algo parecido a lo siguiente:

–No se acerquen a los gitanos, no acepten nada de los gitanos, no les den dinero a los gitanos, no vean a los gitanos...

Al recorrer los jardines aprovechamos para ver el obelisco egipcio y la feria que está justo al lado del Louvre. Junto con sus vendedores ambulantes, puestos de comida y ríos de gente, me sentí en Chapultepec aunque sin los peluches de pandita.

Nuestro deambular también nos permitió saber dónde estaba la entrada al museo por el *Carruselle*, la cual tiene menos gente porque los turistas no saben dónde está y toman la entrada de la pirámide[1].

Es muy conveniente que por ser menor de 25 años en París tanto el transporte como los museos sean más baratos, aunque desconozco por qué son más caros para aquellos mayores de 60 años.

---

[1] La entrada del *Carruselle* está a la izquierda del pequeño arco del triunfo antes de llegar a la pirámide y bajando por unas escaleras como de entrada al metro.

Feria al lado del jardín de Tullerías

De ahí, nos dirigimos a la Biblioteca Nacional la cual tiene unas colecciones imperdibles. Ha sido la única vez que he lamentado no saber francés.

Nuestro peregrinaje continuó rumbo a Notre-dame aunque antes entramos al Palacio Real por error. Ahí pudimos apreciar más de la arquitectura francesa y de sus elementos decorativos que en ocasiones resulta cuestionable su sentido del gusto.

Posteriormente llegamos a orillas del Sena donde encontramos muchas librerías ambulantes (todas en francés) y nuevamente mi amor por los libros se vio mermado por el idioma.

Al llegar a Notre-dame nos sorprendieron dos cosas, la belleza de la catedral y la interminable fila de turistas deseosos de entrar al recinto y, en el caso de algunos, buscar la tumba de Quasimodo.

Gracias a los conocimientos arquitectónicos de mi hermano pude apreciar mejor la catedral, cuyo sistema estructural es por gravedad, esto es que todo está hecho de piedra y colocado con tal precisión matemática, que lo que mantiene en

24

pie a la catedral y sus góticos vitrales no es otra cosa sino la gravedad.

Igual de sorprendente me resultó saber que hoy en día es imposible replicar la técnica con la que se realizó Notre-dame ya que resulta incosteable, además de que no se conservan planos y el conocimiento de esta forma de construir se pasaba oralmente hasta que se perdió.

Tras descansar contemplando esta maravilla arquitectónica, decidimos que el cuerpo y la energía nos permitirían llegar hasta la Torre Eiffel. Para poder tener una idea de la distancia, dicho recorrido sería más o menos ir del Zócalo de México hasta el Auditorio Nacional.

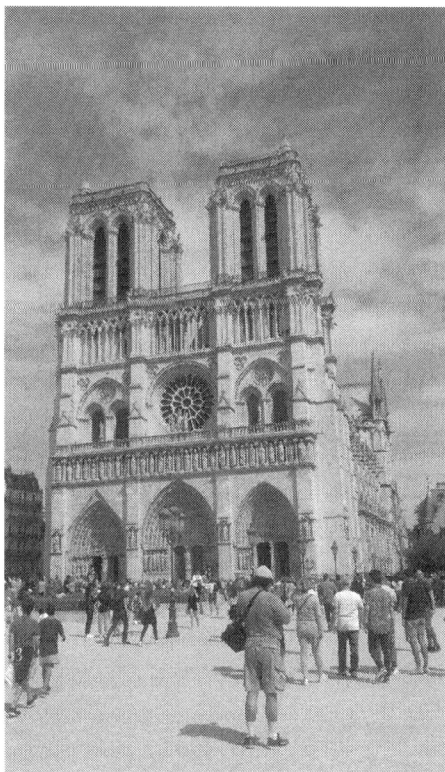

Catedral de Notre-dame

Por suerte pudimos valernos del metro y cambiar un viaje a pie por un recorrido por la ciudad en tren con vista a las calles de París.

Al salir del metro, sólo tuvimos que caminar un par de cuadras para llegar a la Torre y en el camino cruzarnos con nuestros tíos, quienes decidieron esperar montando un puesto ambulante entre el vendedor de llaveros y el café del quiosco.

No negaré que resulta impresionante estar a los pies de la Torre y aún más divertido caminar todo el pabellón que tiene a fin de sacar fotos fuera de foco en las cuales uno parece pertenecer a los Power Rangers en lugar de estar tocando la Torre.

A nuestro regreso el negocio estaba listo, mi hermano y yo nos encargaríamos de dos franquicias respectivamente mientras que la sucursal principal sería esa. Ya teníamos todo preparado cuando una comitiva de vendedores vecinos nuestros llegó al negocio y cuál sería nuestra sorpresa cuando en lugar de recibir una calurosa bienvenida, nos desmintieron al informarnos que al no estar sindicalizados según las normas parisinas de limosneros y vendedores ambulantes, se veían en la penosa necesidad de decomisar el negocio y todos sus bienes en pro de los menos favorecidos, así como informarnos del inmediato desalojo del espacio público que estábamos ocupando, puesto que impedía la honrada y justa competencia entre vendedores ambulantes.

Vista de la Torre Eiffel desde el metro de París

Para distraer mi mente y alegrar mi pensamiento de tan largo día, la Fortuna me ha permitido encontrar a mi primer admirador de ultramar ajeno a mis círculos de conocidos: Layte es un joven francés (de ascendencia hispana), entusiasta de las artes, de quince años que al verme escribir este libro ha quedado fascinado conmigo.

Le costaba un poco hablar en inglés y aún más en español, no obstante nos dimos a entender bastante bien. Tras hablar un poco y mostrarle algunas de mis pinturas, muy tierno me dijo que yo ahora era su artista favorito y me pidió tomarnos una foto a lo cual accedí gustoso.

Quién diría que mi primer fan sería de Francia y que en un mismo día sentiría el no saber hablar francés. En esta ocasión, porque me hubiese gustado conocer más a fondo el pensamiento y opinión de mi joven amigo.

Después de despedirnos recordé una conversación que tuve sobre la satisfacción que se produce cuando alguien (especialmente los más jóvenes) reconoce el esfuerzo de uno, haciendo que todo valga la pena.

Si mis pinturas han podido ser apreciadas del otro lado del Atlántico, me parece que voy por buen camino como artista.

***

Hoy hemos ido a la Disneylandia de los paisajistas, Versalles. Tras un viaje en autobús seguido de otro en tren, llegamos a las afueras de París donde Luis XIV tenía su casa de campo.

Lo más impresionante de Versalles son sus jardines, los cuales fueron hechos con la idea de parecer infinitos y más grandes gracias a un juego de perspectivas y espejos de agua. Los jardines están llenos de esculturas de dioses y figuras grecolatinas las cuales armonizan con su entorno que mezcla el orden y el caos de una forma completamente barroca.

Tuvimos suerte de ir cuando prenden las fuentes –las cuales consumen cantidades impresionantes de agua y hacen juegos de figuras– y ponen música de fondo, recreando lo que Luis XIV veía.

Como dato curioso, las fuentes no siempre estaban prendidas, los jardineros estaban al pendiente de los movimientos del rey para encenderlas sólo cuando él pudiese verlas debido a lo caro que resultaba –y resulta– mantenerlas. De igual modo, había músicos escondidos entre los bosquecillos para ambientar mientras el rey paseaba.

Fuente de Latona con vista al Gran Canal

He tenido la suerte de contar con mi hermano como guía y, tanto por sus conocimientos de paisaje como de mitología griega, pude apreciar mejor la belleza de estos jardines, los cuales fueron el primer patrimonio del mundo dado que, por razones que desconozco, en la Revolución francesa decidieron quedarse con todo en vez de destruirlo.

Orangerie del Palacio de Versalles

Del palacio también me siento impresionado puesto que jamás en mi vida había detestado tanto entrar a un museo, tanto por la cantidad torrencial de gente que entra y hace imposible tomarse el tiempo para apreciar nada, como por la obscena opulencia con la que vivían sus antiguos dueños, la cual puede apreciarse en retratos, muebles y salones.

Quizá lo único que recomendaría visitar es el salón donde en el techo están pintadas casi todas las deidades griegas y el salón de las batallas –éste último sólo a los amantes de la guerra y/o la pintura–.

Al salir de Versalles fuimos a comer a un café en el cual volví a aplicar el dicho de mi bisabuelo: *unos como saben y otros como pueden.* Dado que demostré ser un completo ignorante de la etiqueta francesa y las buenas costumbres en la mesa.

Pero después de estar horas bajo el sol, caminando, rodeado de gente, cargando una mochila y tosiendo, lo último que me importaba era ofender al buen Gusteau (nombre que di a nuestro camarero) y sus buenas costumbres. Debo reconocerle que la comida estaba muy sabrosa.

Por la noche volví a encontrarme con Layte y hablamos hasta tarde sobre nuestras impresiones respecto a nuestros respectivos lugares visitados (él sí fue a Disneylandia en París), así como nuestros planes a corto plazo. Haciendo un esfuerzo, logré despedirme de él en francés y decirle que fue un verdadero placer conocerlo.

***

Hoy fui al Louvre donde tanto nuestra exploración previa como mi poco japonés resultaron de utilidad, puesto que una pareja mayor de japoneses tenía problemas para comunicarse y fue todo más fácil cuando les hablé en su idioma.

¡Ah, el Louvre! Tanto que ver y tan poco tiempo. Hay de todo y para todos según sean sus intereses estéticos y sus épocas favoritas. En mi caso, me dirigí directamente a los pintores italianos del renacimiento donde me conformé con apreciar a profundidad algunos cuadros.

Me encantan las pinturas de este período pues son pequeñas historias cuya complejidad varía de cuadro a cuadro; asimismo es un período en el que logran crear texturas que casi pueden tocarse en la ropa así como elementos que parecen etéreos.

Claro que aproveché a ver la *Gioconda* así como otras obras emblemáticas que son obligatorias en este tipo de viajes; no obstante, pude dedicarle más tiempo a cuadros menos conocidos pero no menos valiosos.

En mi opinión, este tipo de visitas deben realizarse con una pausa en medio para almorzar y a la vez despejar la mente a fin de poder seguir apreciando las obras con las que uno se encuentra.

La pesca. Aníbal Carrache (entre 1585-1588)

Tras hacer dicha pausa, dediqué el resto de mi visita a las esculturas griegas, a una parte de la exposición egipcia y a la exposición de Asia y África (la cual dejaba que desear).

Finalmente acompañé a mi hermano a ver la pintura de Eros y Psique que nos fascinó a los dos tanto por la historia del mito (que es uno de nuestros favoritos) como por la pintura en sí.

Al salir del Louvre nos dirigimos a Saint Michel, el cual fue el escenario de la Generación Perdida. Ahí hay una librería llamada *Shakespear & Company*, la cual me dejó maravillado y profundamente conmovido. Es un edificio rústico que desentona con el resto de París; en su interior, está lleno de libros con un ambiente sumamente acogedor que invita a quedarse y no volver a salir (al menos para un lector).

Tiene toda una estantería dedicada a la Generación Perdida, varios cuartos pequeños con temas diversos y en el primer piso, una pared donde las personas que visitan la librería dejan un pensamiento, una frase, una promesa… tantas palabras, historias, poemas y libros...

Mientras recorría con fascinación los diversos estantes, al llegar a la escalera de madera, como si hubiese sido colocado

31

ahí para que lo viese al tiempo que a lo lejos se escuchaba una campanilla y a mi memoria volvían las palabras "Neil Gaiman es un hombre que sabe cómo funciona la magia", vi el libro que me estaba esperando. Pequeño, de color jade y con letras plateadas, *Cómo el marqués recuperó su abrigo*[2] fue el único libro que pude comprar pues costaba exactamente los tres euros que llevaba en el bolsillo. Sin duda éste ha sido mi lugar favorito en todo París y una de las librerías que con cariño recordaré.

Fachada de *Shakespear & Company*

Renovado el espíritu aventurero tras la visita a *Shakespear & Company*, mi hermano y yo decidimos concluir nuestra odisea visitando la basílica del Sagrado Corazón en Montmartre el cual es el único monte que tiene París y el punto más alto.

Cuando llegamos, esperábamos una cuesta muy empinada y/o larga puesto que en los mapas se señala que existe un teleférico; no obstante, nos llevamos una decepción ya que la dichosa colina no es ni la mitad de lo que es la del Pípila en Guanajuato.

---

[2] *How the marquis got his coat back* en el original

De igual modo, la vista –que tanto nos habían presumido– fue decepcionante comparada con la que había desde Orsay ya que aquí sólo se puede apreciar una ciudad grande sin mayor gracia, al menos Orsay tenía una vista un poco más romántica.

Montmartre desde el Orsay

En nuestro viaje de regreso nos pasó algo curioso, al querer darle unas monedas a un acordeonista que pedía dinero en el metro, nos rechazó muy cortésmente tanto a mi hermano como a mí aunque le aceptó las monedas a una chica y luego fue pidiendo a los demás pasajeros, lo cual me hace preguntarme qué imagen he de tener como para que un artista callejero sea capaz de rechazar lo que se le da.

***

Dejamos atrás los maratónicos y odiseicos días de París para dirigirnos como peregrinos al sur de la Ciudad Luz buscando el origen del Sena en la campiña de Borgoña. No tenemos una ruta definida, vamos puebleando teniendo en cuenta que la siguiente parada establecida es Lauterbrunnen en Suiza.

Aquí los campos y la geografía son tremendamente similares a los de Tlaxcala y los bosques son como debieron ser allá en mejores tiempos. Los pueblos de esta región no son muy grandes, con casas que en lugar de adobe se hicieron con cantera y mortero. Algunos fueron pequeños feudos o castillos de los cuales en muchas ocasiones no queda más que la memoria. En la provincia la gente es más amable y paciente, y mucho de aquí me recuerda al pueblo de mi madre. En muchos sitios aún se junta y almacena leña para el invierno.

Campos de Borgoña

Nuestro viaje de hoy nos condujo a un pueblo medieval llamado Chantillon sur Siene en el cual se encuentra uno de los primeros causes del Sena, además en la punta más alta tiene una iglesia románica que en algún momento fue un castillo, puesto que aún se conservan dos almenas.

El mejor momento para ver el pueblo es en la noche dado que, al igual que Guanajuato y el centro de Tlaxcala, sus calles y callejones parecen volver a sus tiempos de gloria bajo las luces tenues y las sombras.

Aquí pude entender lo que alguien me dijo sobre los atardeceres verde limón franceses. No es que el cielo adquiera ese color, sino que la luz a través de las hojas lo hace, mientras que el suelo y sus alrededores se tornan sepia.

Atardecer en Chantillon sur Siene

***

De todo lo que he visto hasta ahora nada me ha gustado tanto como Borgoña. Quizá porque me recuerda a Tlaxcala por la increíble similitud que comparten.

Me ha tocado un cielo plateado y un clima agradable que sólo por momentos se siente algo caluroso. Los campos y bosques de aquí me hacen desear poder convertirme en un zorro (como el que hoy he visto) para poder correr entre ellos, libre de ir a cualquier sitio.

Los pueblos de aquí son pequeños y el estado en el que se encuentran varía un poco entre ellos aunque a muchos no les vendría mal algo de mantenimiento. Eso sí, todos tienen un monumento a sus compatriotas locales caídos durante la Primera Guerra Mundial.

Nuestra primera parada del día fue en la Abadía de Fontenay, la cual se encuentra en medio de la nada puesto que así los monjes imitaban el ejemplo de san Bernardo, dedicándose a la forja y el comercio de telas (ignoro con quién), así como a la práctica religiosa y a la copia de libros en sus ratos de ocio.

La abadía es un edificio austero pero bello cuyos habitantes son la familia de banqueros Aynard (quienes la compraron y restauraron hace ya un siglo) y los pequeños murciélagos que, al igual que las golondrinas, tienen tanto o más abolengo que nadie en esta región.

Aquí he podido disfrutar de un almuerzo típico a base de charcutería y queso, el cual fue bastante sustancioso pero que sin duda acortaría significativamente mis días si lo consumiese a diario por la grasa y sal que tiene.

Abadía de Fontenay

Posteriormente visitamos dos pueblos más: Semur en Auxois que aún conserva sus muros y almenas de lo que fue un bastión medieval, y Flavigny sur Ozerain donde hay catacumbas de la época de Carlomagno. Tanto en Semur como en Flavigny la gente es sumamente gentil y apacible.

En Semur una buena señora muy amable me dio unas clases de francés para sonar más natural –aunque me apena admitir que poco fue lo que mi memoria retuvo–. Así mismo comprobé que NUNCA, JAMÁS, se debe salir a mediodía en Europa. El calor es tan intenso que sólo las iglesias o los edificios que tengan la fortuna de estar abiertos y con aire acondicionado son un resguardo seguro.

De esta forma llegué a la conclusión de que la gente en el pasado no iba a las iglesias por devoción religiosa sino por escapar del calor y como no se puede obtener nada sin dar algo a cambio, estoicamente escuchaban el sermón en turno y quizás los últimos chismes de la región.

Asimismo, aquí subimos de categoría al pasar de pobres a gourmets al no pedir postre en la comida (lo cual apaciguó nuestros orgullos aún heridos por el acordeonista) y probamos una bebida típica llamada *sirope*. Si bien es típica, eso no quiere decir que sea buena ya que tiene un sabor a medicina espantoso.

Semur sur Auxois

En Flavigny nos sorprendió la señora de donde comimos ya que hablaba español y muy cortés platicó con nosotros. Resultó ser una cantante de un coro compuesto por ex miembros de Airfrance, el cual hará un tour por México en abril ¡Qué pequeño es el mundo!

Aquí finalmente tuvimos una comida típica a base de carne de res, puré de papa, ensalada de lechuga, vino de la región, queso y tarta hecha por las manos de las buenas señoras locales.

Calle de Flavigny sur Ozerain

Entre estos pueblos hicimos una parada en Alesia, donde se supone que Julio César venció a la última resistencia gala comandada por Versingetorix (a diferencia de lo que el buen Asterix nos ha hecho pensar durante tanto tiempo).

Digo se supone, puesto que de Alesia no queda rastro alguno y su ubicación real es ignota aunque se cree que estaba en la punta de un cerro frente al cual hicieron un museo dedicado a tan histórico sitio.

Nuestro peregrinaje ha terminado con la visita al manantial del Sena. Este lugar es tan bello y silencioso que posee cierto aire espiritual. El manantial surge de una cueva en la que Napoleón III mandó poner una estatua de una diosa que los primeros pobladores relacionaban con el río.

Aquí, con el perdón de la diosa y las deidades más antiguas, decidí acometer una hazaña digna de recordarse: saltar el Sena de extremo a extremo. Si bien mis años dorados como campeón de salto largo sin impulso han quedado algo lejos, aún conservo parte de mi talento.

39

Me preparé mentalmente, bebí de la fuente y haciendo acopio de mi fuerza y habilidad salté sin preocuparme por el resultado de tan peligrosa empresa. Ante la mirada atónita de los pocos presentes, logré mi cometido al caer al otro lado del Sena con la gracia de una gacela, grabando así mi nombre en los anales de la historia.

El Sena

El camino al campamento fue un hermoso paseo por la campiña con un atardecer majestuoso como hacía tiempo no veía. Quedo en buenos términos con los franceses y con una mejor opinión de ellos a pesar de los parisinos.

Atardecer en Borgoña

IV. Suiza

Conforme nos acercamos a Suiza el paisaje se va tornando más boscoso y fresco, las casas presentan un estilo más alpino, dejando atrás los pesados edificios de piedra medieval para dar paso a la madera y la teja.

Al llegar a Suiza hemos hecho una parada en el pueblo de Murten Morta que se encuentra frente a un lago homónimo. Este sitio fue una pequeña fortaleza que tuvo un papel relevante en la historia de los feudos de Borgoña durante el siglo XV.

Murten Morta

Lauterbrunnen es un pequeño poblado ubicado en un valle muy cercano al Jugenfrau, a las faldas del Schilthorn. Los Alpes son una visión maravillosa qué sólo puede ser complementada con música de metales y cuerdas como la de *El señor de los anillos*.

Si bien no compiten en altura con las montañas de México, la forma escarpada que tienen, el contraste con sus lagos azul turquesa y las nubes que caprichosamente los ocultan y develan no tienen nada que pedirles.

El único inconveniente hasta ahora es el precio, Suiza es uno de los países más caros de Europa y temo que los gastos aquí puedan exceder mi presupuesto.

Jugenfrau visto desde Lauterbrunnen

En la noche, al buscar un momento para poder escribir, me senté en el área comunal del campamento en un tranquilo rincón donde cómodamente pude dedicarme a mis asuntos sin que nadie me distrajera ni importunase. No fue algo sencillo puesto que un grupo de jóvenes se encontraba riendo y charlando a todo pulmón y varias veces los vigilantes tuvieron que pedirles que bajasen la voz en respeto de los otros huéspedes. Después de que se fueron y todo volvió a estar en calma, creí que el resto de la noche podría escribir tranquilo, pero nuevamente me equivoqué puesto que de pronto escuché cómo alguien apagaba las otras luces y cerraba la puerta.

Rápidamente recogí mis cosas y al llegar a la puerta me valí de mis conocimientos en cerrajería, intentando forzar la cerradura con una puntilla, un clip y una hoja de papel. Pronto comprendí que la cerrajería suiza estaba hecha de un material más duro y de una forma más compleja que sobrepasaba el promedio de los seguros, por lo que mi reacción natural fue pegar mi cabeza a la puerta, lo que dio pasó a que me fuese de bruces dado que ésta se abría y cerraba hacia ambos lados.

Decidí que habían sido suficientes emociones por un día y me encaminé a la tienda. Pero nuevamente las cosas no fueron tan fáciles ya que al no haber luz me vi dándole vueltas a todo el campamento tratando de encontrar nuestra dichosa casa de campaña, hasta que me percaté que había pasado más de tres veces en frente de ella. Cuando finalmente me acosté, sonó la alarma que indicaba que era hora de despertar.

***

Los Alpes y su gente son silenciosos (con excepción de los cencerros de las vacas y uno que otro coche) y tienen un marcado olor bovino. La luz y el clima son similares al de México aunque las lluvias tienden a ser algo volubles.

Hoy decidimos escalar una parte del Schilthorn frente al que se encuentra nuestro campamento. Primero nos dirigimos al teleférico tras el cual tomamos un pequeño tren al pueblo de Mürren para dirigirnos a Allmendhubel (que denominamos Almendra) y de ahí irnos a Gimmelwad donde volveríamos a tomar el teleférico y un autobús para volver al campamento.

No puedo dejar de sentirme emocionado puesto que hace poco más de siglo y medio, Mark Twain estuvo en estas mismas montañas e hizo los recorridos que estoy haciendo. Pensar en lo poco que ha cambiado todo (y lo poco que cambiará) a pesar del tiempo, me fascina.

Los Alpes desde Mürren

Todo iba bien hasta Mürren, pero las cosas se complicaron cuando mis tíos (por cuestiones de salud) decidieron tomar el teleférico a Almendra –que me habían dado a entender que era un pueblo– mientras nosotros subíamos caminando.

Si algo he de decir de los suizos es que son las personas más tranquilas y amables que he conocido, y que tanto sus relojes como navajas son de lo más precisos. Pero no así sus señalamientos.

En teoría el sendero que mi hermano y yo elegimos se hacía en una hora y media; sin embargo, nadie nos dijo que el camino estaría lleno de vallas y puertas las cuales estaban permitidas abrir. Antes nos habían advertido que en Suiza y Alemania una sana política a seguir como turista es "si no dice que está permitido, entonces está prohibido".

Asimismo sus mapas resultaron no estar a escala por lo que un viaje de una hora y media se volvió casi de tres gracias a sus señalamientos y los rodeos que dimos. Eso sí, tuvimos unos paisajes impresionantes todo el camino. La vista del Jugenfrau sin nubes es asombrosa.

Los Alpes desde el Schilthorn

Nuestro pequeño extravío me recordó lo que le ocurrió a Twain en su viaje por los Alpes cuando al perderse ataron a su guía para que se adelantara y buscase el camino. Al hacerlo, él tenía que jalar la cuerda para que la comitiva lo alcanzase. Pero tras dar muchos rodeos y darse cuenta que el guía los estaba perdiendo más de lo que ya estaban, empezaron a jalar la cuerda hasta que descubrieron que hacía tiempo el hombre los había abandonado y en su lugar los hizo seguir una cabra.

Cuando encontramos el punto de reunión, la famosa Almendra –que resultó no ser un pueblo sino una estación de teleférico con un pequeño restaurante–, dos horas y media más tarde, sorprendentemente no estaban mis tíos y en su lugar había una viejecilla encorvada y de pelo blanco que con dos palos de escalar seguía subiendo con toda la calma del mundo. Decidimos volver a bajar a Mürren para buscarlos ahí, pero tampoco tuvimos suerte. Tras almorzar optamos por ir al siguiente pueblo donde debíamos llegar.

Nuevamente no los encontramos por lo que acordamos esperar en la estación de teleférico donde veinte minutos después llegaron y por suerte no tuvimos que aguardar mucho.

Es curioso que, a diferencia de mi hermano, yo sea tan despreocupado pero me parece que todo tiene solución y por lo tanto no tiene caso preocuparse. Y si por azares no tuviese solución, ¿entonces de qué sirve preocuparse?

***

Esta mañana la niebla estaba casi a nuestro nivel y los corazones de mis compañeros dieron un vuelco dado que los boletos al Jugenfrau ya estaban comprados y no eran reembolsables. Pero la suerte suele estar del lado de los Moreno y mientras desayunábamos, rápidamente se despejó el cielo.

Nuestro ascenso a la montaña fue en unos trenes especiales que se usan desde el siglo XIX y que van casi en 45° en algunos puntos del camino. Recuerdo como Twain describe su experiencia al creer que el tren iba de reversa dado que había visto la locomotora al lado contrario sin saber que en realidad había dos. Al igual que un niño pequeño me emociona estar donde estuvo uno de mis autores favoritos, usar los mismos transportes y llegar a las mismas cumbres.

El sistema de boletos es condenadamente complicado ya que todos se ven iguales pero son para cosas distintas: uno para subir a un tren, otro para subir al siguiente, otro para los asientos reservados, otro para bajar de la montaña… uno termina con tantos boletos que parece haberse ansiado con la lotería.

El paisaje aquí no deja de sorprenderme, conforme íbamos subiendo, podíamos apreciar más detalles del valle y la belleza de sus montañas, pueblos, cascadas y bosques.

No se me ocurre mejor banda sonora que la de *El señor de los anillos* o *Danza con lobos* para este lugar, puesto que la naturaleza es muy similar a la del primero, incluso al caminar por el glaciar del Jugenfrau me sentí en el paso de Caradhras mientras escuchaba "Gilraen's Memorial".

Glaciar del Jugenfrau

Para llegar al Jugenfrauhog, el tren cruza por dentro de la montaña durante varios minutos (lo cual me hacía sentir como en Moria) y al salir, da lugar a una estación de varios pisos que tiene tiendas, restaurantes, un museo e incluso un observatorio.

La vista desde la cima del Jugenfrauhog es impresionante, los glaciares lo obligan a uno a usar lentes de sol y cuando sopla el viento, se siente un frío que muy en el fondo es una amigable advertencia de no tomar a la montaña a la ligera dado que no han sido pocas las vidas que ha cobrado.

El Jugenfrau es un poco más bajo que el Popocatepetl, pero nada tiene que envidiarle a éste pues su colosal forma, sus glaciares, sus flores (que se encuentran más abajo) y cascadas (las cuales me recuerdan a Chignahuapan) son suficientes para compensar cualquier falta.

Jugenfrau

Existen varios senderos que pueden tomarse de acuerdo a la experiencia de uno como de sus energías para seguirlos. Nosotros tomamos el de la parada donde se cambia de tren en Kleine Scheidegg hasta la siguiente estación en Wengernalp.

Si mal no recuerdo, Twain tiene una anécdota aquí en la cual invita a su amigo Henry a lanzarse con una sombrilla desde la cima para saber cuánto tardaba en llegar al valle; su amigo cede cortésmente el honor al guía –que le había ofendido antes– como señal de paz y éste a su vez se niega diciendo que hay mejores formas de llegar al infierno. Por lo que el experimento de Twain nunca logró realizarse.

Mientras bajábamos acompañados por la brisa y las aves que se aventuran por estas cumbres, y al disfrutar de los diferentes ángulos del Jugenfrau así como de la visión del valle, llegué a la conclusión de que el precio de las cosas en Suiza es proporcional a su belleza; pero si con eso mantienen la naturaleza que les rodea bien cuidada tal y como la tienen, me parece que ya no es tan excesivo lo que piden pagar.

Los Alpes desde el Jugenfrau

V. Alemania

Temprano en la mañana levantamos el campamento para dejar Suiza atrás y vagar como gitanos por el Bosque Negro. Antes hicimos una breve parada en Luzern.

Quisiera poder decir algo de la ciudad, mas el tiempo que estuvimos fue poco para conocerla de verdad; no obstante, sus paredes tienen murales muy interesantes y en algunos casos extraños, es como una combinación de lo que he visto en Suiza y París en lo que a sus edificios se refiere, sólo que mucho más limpio que en la Ciudad Luz.

La parte más bonita que tiene es una torre en medio del río llamada Kapellbrücke, a la cual se llega por un puente de madera techado que tiene pinturas de 1700.

Kapellbrücke

El camino de Suiza a Alemania fue como cruzar por las Montañas Nubladas de Tolkien dado que parecía que en cualquier momento las nubes fuesen a devorarnos.

Debido al cansancio de los últimos días de andar como cabras en el monte, dormí un poco y al despertar en Alemania parecía que había vuelto al valle de México puesto que las montañas y la vegetación son muy similares.

Campo en Alemania

Hemos establecido nuestro campamento en Friburgo, una ciudad muy pequeña a las orillas del Bosque Negro. Mientras buscábamos dónde montar la tienda, nos topamos con unas flores moradas muy particulares que huelen a miel y cuando encontramos una moneda de dos euros en medio del campo, determinamos que era una señal divina y ahí pusimos la tienda.

Friburgo es un lugar tranquilo cuyo mayor atractivo es la Münster, la cual es una iglesia muy parecida a la de San Miguel de Allende, de estilo gótico y que durante la Segunda Guerra fue todo lo que quedó en pie de aquí.

Hay construcciones muy bonitas aunque en su mayoría los edificios son condominios o reconstrucciones algo burdas a mi parecer de lo que había sido el pueblo.

Mientras visitábamos la Münster escuché a un grupo de músicos que estaba cantando y tocando el acordeón en la calle pidiendo dinero y/o vendiendo su disco. Su música era muy bella y quise comprar su disco, pero lamentablemente no pude juntar la cantidad que pedían y me desanimé un poco, ya que gustoso les hubiese comprado muchas copias de haber podido. De los 16 euros que pedían, sólo pude darles 16 centavos que era todo lo que tenía.

Münster

***

Lluvia. Nuevamente nos ha tocado una mañana lluviosa y los ánimos han estado un poco tensos. Pero las circunstancias no me impiden apreciar la belleza de la lluvia alemana. A diferencia de Holanda, aquí la lluvia es intermitente, es como una brizna ligera y constante con pequeñas gotas que casi no se ven y que parecen caer con gentileza.

Una vez levantado el campamento y tras haber desayunado, los ánimos se reestablecieron. Aquí he conocido a una divertida señora alemana llamada Mirjam Gerwig quien es fan de los mexicanos y me ha ofrecido su casa en Heidelberg tras conocer mi historia y el proyecto de mi libro.

Resulta difícil creer que lugares tan bellos hayan sido escenario de las épocas más obscuras de la humanidad. La región del Bosque Negro es famosa por sus relojes de cucú y sus tallas de madera.

Mientras nos adentramos en el bosque y la niebla nos cubre, me parece estar en la Tierra Media o que en cualquier momento habré de toparme con una casita de jengibre en la que una buena viejecita me tratará de engordar… el tiro le saldría por la culata dado que no puedo subir de peso.

Los pueblos aquí son una combinación de elementos antiguos y modernos, algunas casas al igual que en Suiza tienen sus escamas de madera que las hacen ver como parte de un dragón en reposo. Por su parte, los techos de las iglesias semejan sombreros de brujas, algunos de color negro y otros de color esmeralda. Una cosa interesante que tienen estos pueblos son unos postes con los escudos de armas de las familias locales.

El Bosque Negro

En Triberg hicimos una parada para ver La casa de los mil relojes. Ver tantos relojes y tan variados resulta algo vertiginoso. Luego fuimos a Gutach a un museo al aire libre en el cual recrean los edificios y la vida de los habitantes del bosque negro desde el siglo XV.

Las casas resultan sumamente curiosas dado que el techo llegaba hasta el suelo, y entre piso y piso había establos. Las cocinas eran la fuente de calor (y humo) así como de incendios accidentales, por lo que los almacenes se hallaban a parte y en contra del sentido del viento.

La penumbra, el frío, y el polvo entre los que vivían, permiten entender que el cuento de la mujer que vivía en un zapato, más que un cuento, era una cruda realidad dado que bajo el mismo techo convivían humanos y animales. Quizás quienes más sufrieron fueron los predicadores los cuales tenía que hacer grandes esfuerzos para imaginar un infierno que superase la dura vida diaria que hasta el siglo XX permaneció prácticamente igual para la gente del Bosque Negro.

Y a pesar de todo, de una forma extraordinaria, la gente (que contra todo pronóstico resulta ser muy cálida y alegre) encontró cómo pasar el tiempo con el tejido, la ganadería y especialmente con la madera; el bosque resultaba (y resulta) fuente de admiración así como hogar de la fantasía. Aquí pude entender la magia que esta región posee y cómo es que dio lugar a tantas historias que los Grimm habrían de recopilar.

El día terminó a las afueras de Baden-baden.

Museo al aire libre de Gutach

***

Dejamos atrás el Bosque Negro para seguir el curso del Rin con la meta de hacer fuerte en Bacharach, región llena de viñedos y castillos medievales.

La lluvia, esta vez menos gentil, ha contribuido a la ambientación medieval de la rivera. Cada dos por tres entre árboles y niebla surge algún castillo (o sus ruinas).

Si levantar un campamento es complicado con lluvia, otro tanto lo es montarlo con ella; no obstante, ésta recuperó su gentil carácter mientras rápidamente armábamos la tienda a orillas del Rin.

La vanidad y la necedad humana no conocen límites y en este caso no fue la excepción dado que mi tío se empeñó en recorrer el pueblo mientras llovía. Y no es que esté en contra de una buena aventura, pero una cosa es caminar bajo la lluvia y otra muy diferente es ir directo a la tormenta que se ve que se viene encima.

A pesar de todo y con estoica resolución decidí seguir a nuestro capitán Ahab. La suerte, que rara vez deja de estar de mi lado, hizo que la tormenta amainara y volviese a ser la constante brizna que conocí en Friburgo.

La tormenta en el Rin

Aquí tomamos una barcaza turística que nos dio un recorrido hasta san Goar río arriba. A lo largo del Rin hay varios pueblos que antes fueron castillos o fortificaciones que datan desde los celtas, pasando por los romanos hasta llegar al medievo.

A la mitad del recorrido se encuentra el acantilado de Lorelei, la ninfa o sirena hija del Rin que al igual que sus primas balcánicas hacía naufragar a los marineros con sus cantos.

Ir en la proa, con el viento y la brisa en el rostro, lo hace sentir a uno como un capitán de alguna novela romántica.

En general los alemanes son personas amables, pero tienen la mala tendencia de querer cobrar por todo: mientras que en los demás países cosas como el agua, las duchas o el internet son gratuitos, aquí se paga por ellos y a veces dejan qué desear.

Sin embargo, tras enterarme de que todos los castillos en esta región fungían como casetas de cobro –y la joya de la corona es el Burg Pfalzgrafenstein que se encuentra a mitad del Rin y que solía levar cadenas para impedir el avance sin el consabido peaje– recordé aquella frase de *old habits die hard*, por lo que he decidido dejarlo pasar.

Burg Pfalzgrafenstein

***

Esta mañana el cielo se ha despejado y nos hemos dirigido a Koblenz en el norte de Bacharach. Los bosques aquí son menos densos que el Bosque Negro y me parece que en cualquier momento veré pasar a los Nazgûl a caballo.

Nuestro destino en esta ocasión fue el castillo de Burg Eltz, el cual recibe su nombre por la familia a la cual ha pertenecido por más de 700 años y 33 generaciones.

El castillo se encuentra sobre una mole de piedra en medio de un valle, rodeado por un bosque homónimo. Al caminar por el bosque para llegar al castillo me sentí en una escena de *Ame agaru*, pero al vislumbrar el castillo no pude evitar recrear una escena de Monty Phyton con mi hermano diciendo:

-¡Camelot!
-¡Camelot!

-¡Camelot!

-Oh, es sólo una maqueta.

Burg Eltz

Eltz era desde sus orígenes algo peculiar, *sui generis*, debido a que alojaba a las tres ramas de la familia Eltz (siendo el patio la única área comunal), contaba con sistema de drenaje usando el agua de lluvia, y tenía un salón en el cual mediante un mascarón indicaba que estaba permitido hablar libremente (cosa rara en la edad media) y otro con forma de rosa que indicaba (y de ahí viene la famosa frase) que lo que se había dicho en aquel salón, se quedaba en aquel salón.

Si bien el castillo ha pertenecido a una familia poderosa, ellos no hacen el vanaglorioso alarde de los reyes franceses. A diferencia del palacio de Versalles, en el castillo de Eltz tienen mejor gusto y una mejor distribución de sus visitantes.

Resulta increíble para mí que una familia haya logrado mantenerse con la misma firmeza con la que se mantiene el castillo. No sólo por las dificultades externas como la política o las guerras, sino por las internas, porque nunca faltan las envidias entre los hermanos codiciosos o el hijo lelo que cambia el reino por tres habichuelas.

El fin

El día ha terminado con una pequeña ocurrencia: al querer sentarme a escribir, me han traído un menú, pues aparentemente la mesa pertenece al bar del campamento. Y recordando que aquí cobran por todo, he decidido cerrar el día probando un vino de la región, el cual es bastante bueno.

Y así ante la vera del Rin y mi copa de vino puedo decir que mi aventura llegó a

El fin

Epílogo. *No hay lugar como el hogar*

Alguien dijo una vez que frecuentar caminos y libros llevan a la sabiduría. Lo que esa persona omitió decir es que también pueden llevar a la bancarrota si uno no se sabe moderar.

No obstante, poder viajar, conocer nuevos lugares y personas diferentes le permiten a uno darse cuenta que aquellos países que antes sonaban exóticos y lejanos; aquellas personas cuyas facciones y costumbres parecían extrañas, resultan ser más similares y cercanos de lo que uno puede llegar a imaginarse. No son las grandes diferencias lo que aprende a mirarse, sino las pequeñas similitudes que se comparten con el prójimo y con otras culturas.

Dicen que no hay lugar como el hogar y que tras un largo viaje uno se siente dichoso de volver a su tierra, a los lugares que conoce y con sus seres queridos.

No obstante, me parece que tras un largo viaje lo que uno realmente quiere –además de lo mencionado anteriormente– es un buen descanso... y qué mejor forma de hacerlo que emprendiendo un nuevo viaje.